This Book Belongs To :

- ____
- ____
- ____

ISBN: 9798686919877

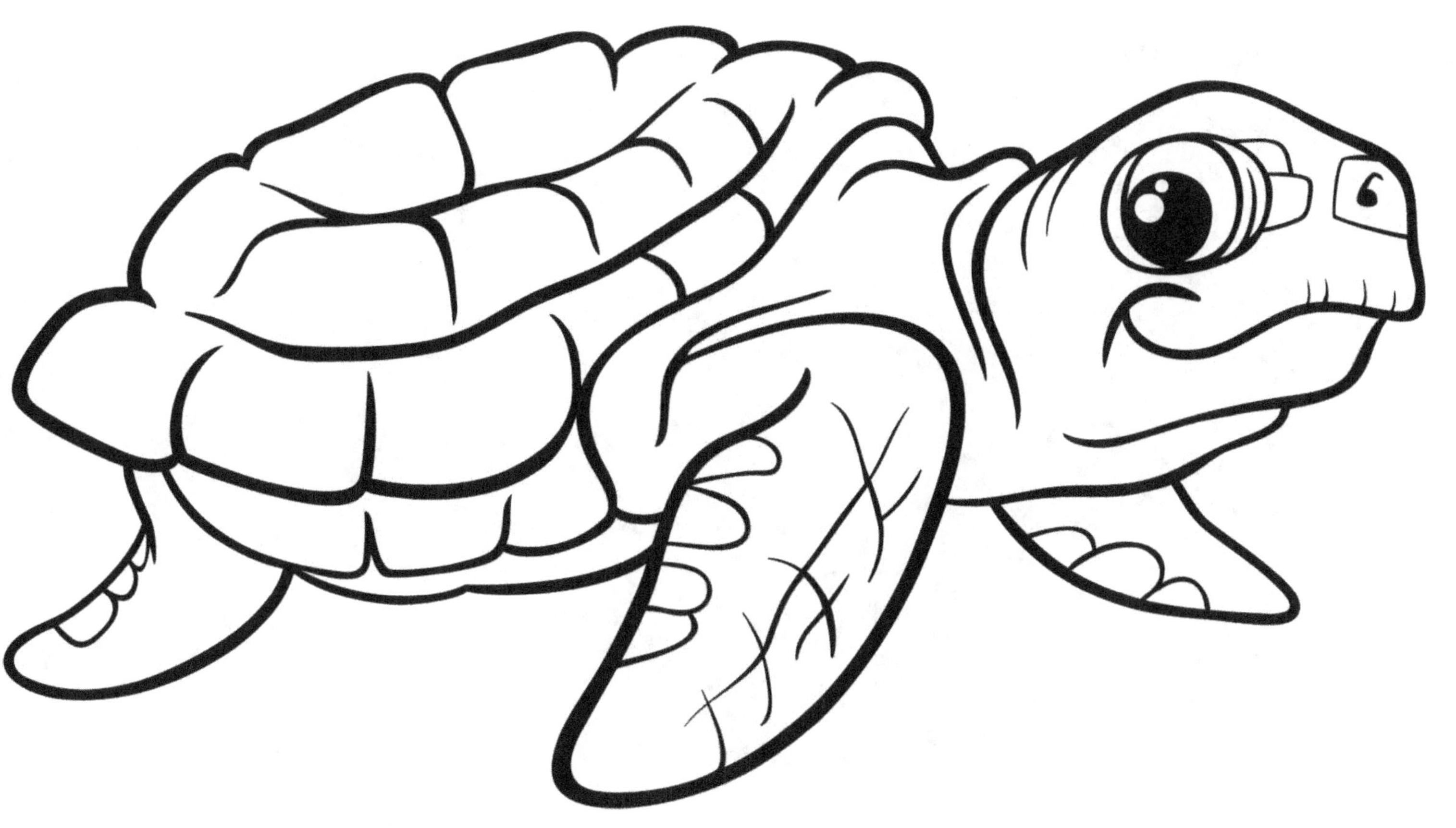

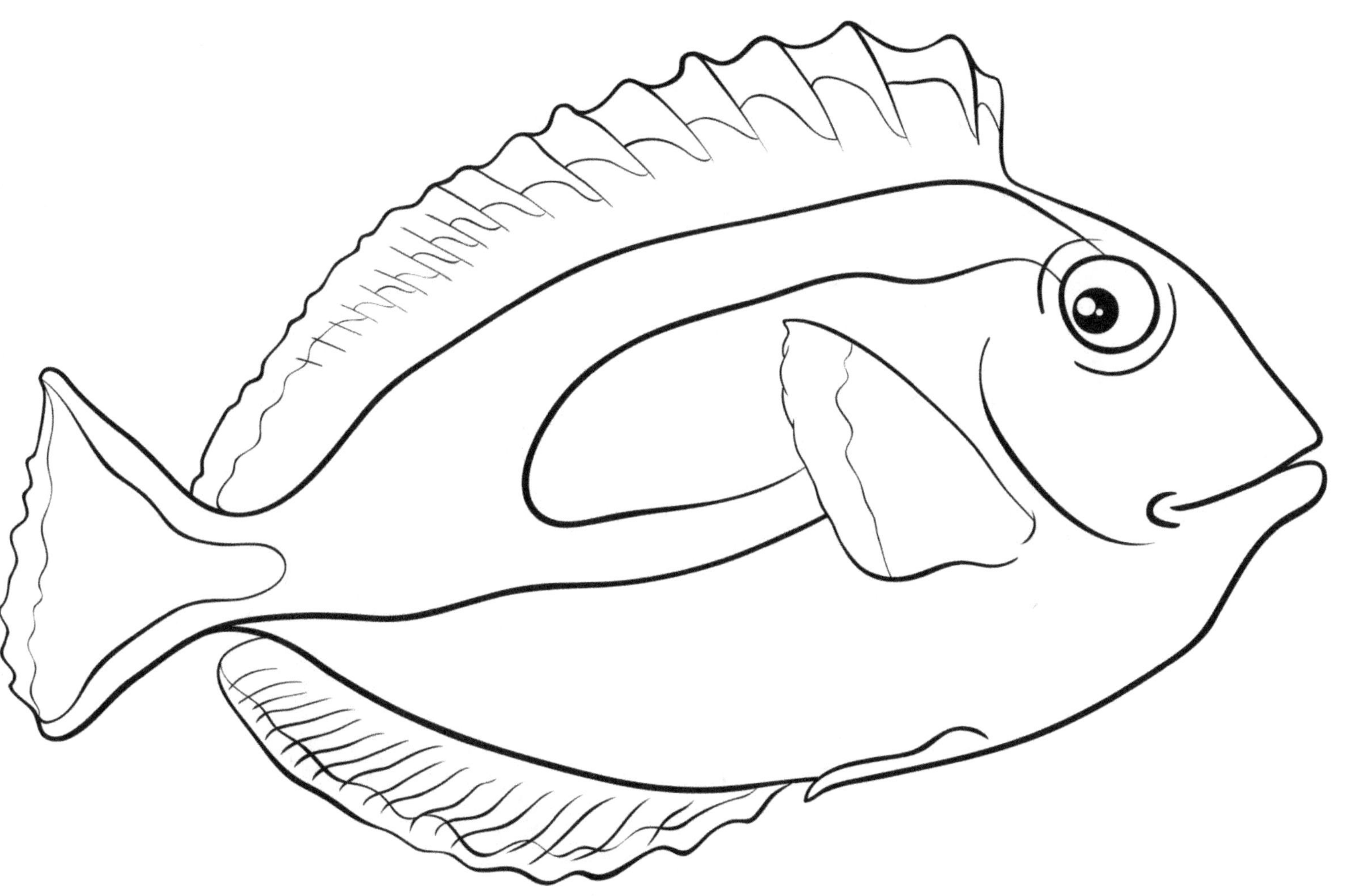

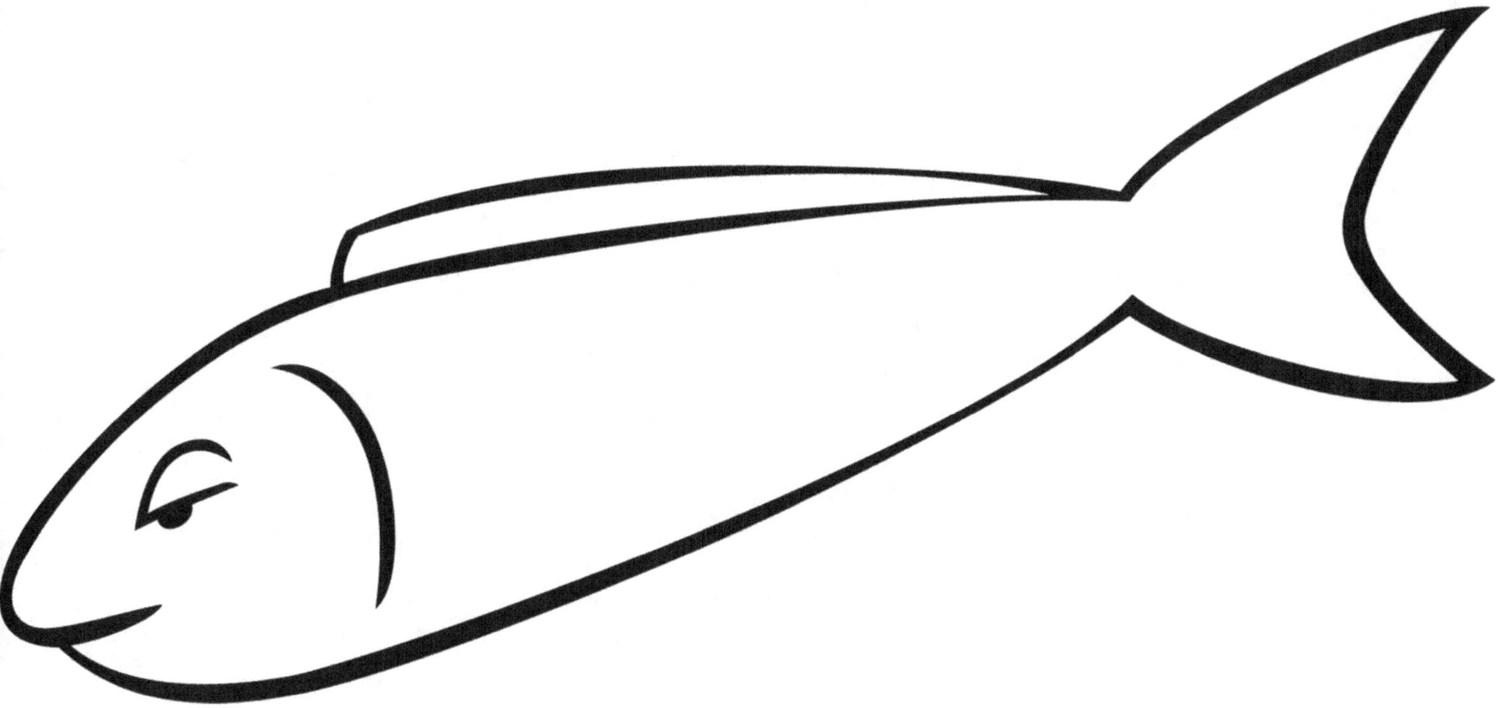

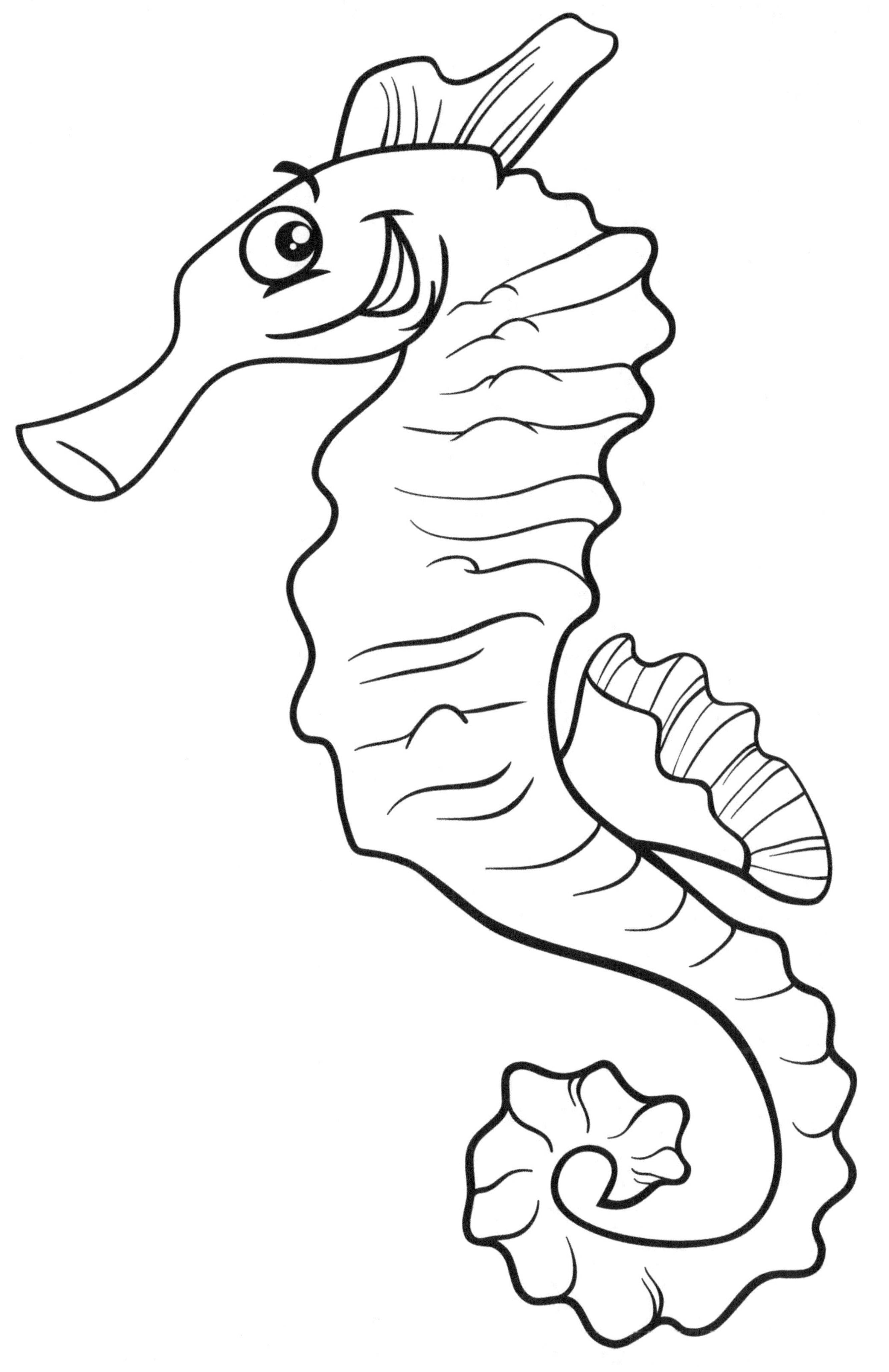

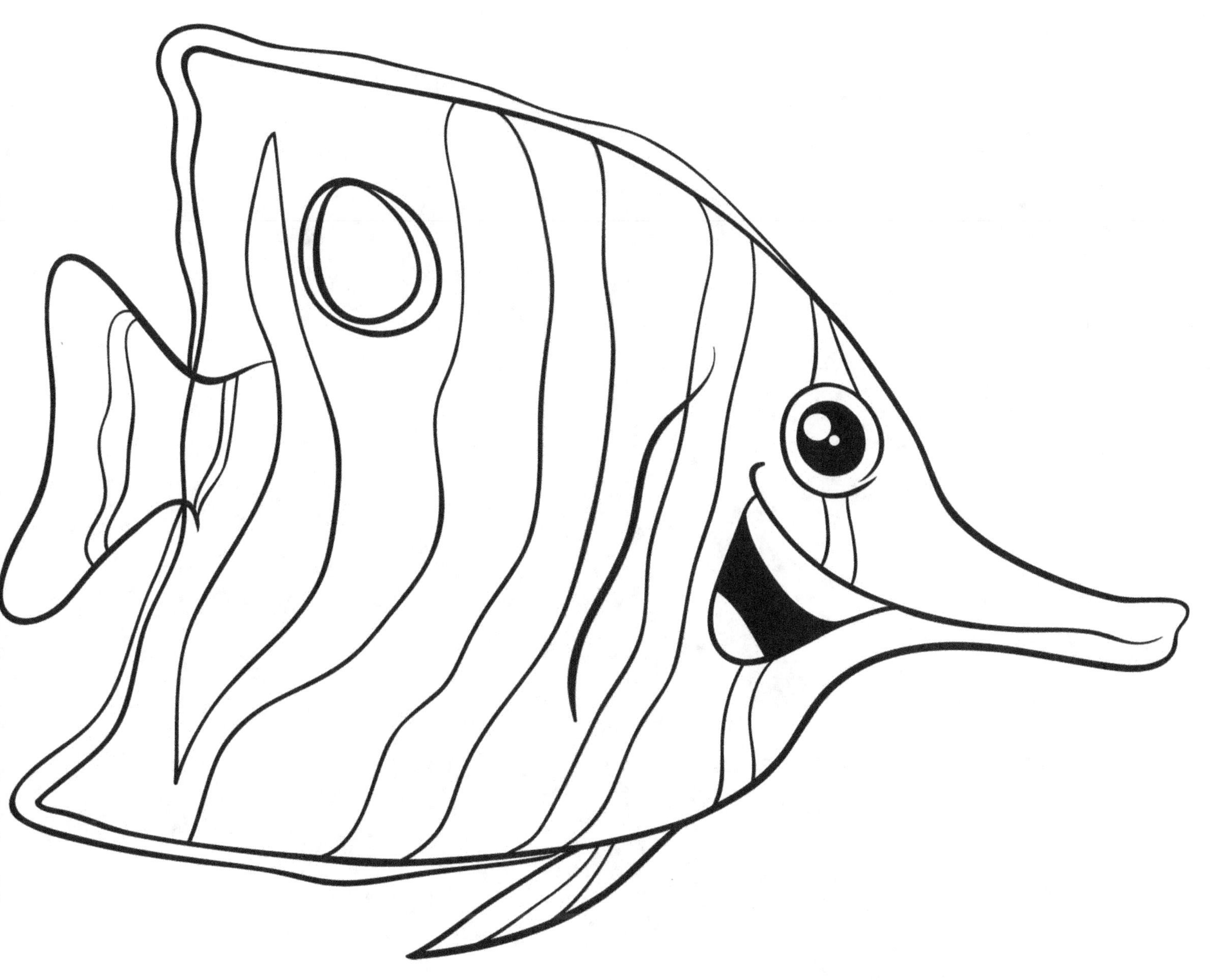